친구들 안녕! 올해도 어김없이 좋아하는 그림책 한 권을 골라보았지? 친구들이
고른 책의 캐릭터들을 모아보니 거대하고 훌륭한 존재보다 작고 여리고 속상하고
불안한 친구들이 많더라. 책 속 친구들은 자주 울고, 연약한 몸으로 우주로
날아가는 도전을 하거나 튤립으로 호텔을 만들기도 하지. 씨앗이 나무가 되듯 봄,
여름, 가을, 겨울, 자기만의 방법으로 부딪히며 자라고 있어. 꼭 우리처럼 말이야.
함께 뽑은 책 30권을 읽고 재미난 활동을 같이해볼까 해. 네가 좋아하는 것들로
장식한 케이크를 만들어 보고, 매일 조금씩 변하고 움직이는 달에 대해 알아보자.
동굴 안에서 반딧불이를 따라 길을 찾고 박쥐를 피해 밖으로 나오는 게임은 어때?
울고 싶을 때 엉엉 우는 것도 좋지만 내 마음을 적당한 단어로 표현해보는 연습도
해보는 거야. 네 컷 만화 속 한 장면을 스스로 그리고 써보는 것도 재미있겠지?
그럼 울창한 그림책 숲으로 함께 떠나볼래?

TOGETHER, WE GROW UP

반가워! 여기는 그림책잔치가 열리는 숲이야. 버드나무, 소나무, 은행나무, 밤나무, 느티나무 등 크기와 색, 모양이 다른 식물들이 마치 우리 같지 않아? 아침까지는 해가 쨍쨍하더니 갑자기 비가 오는 날씨는 꼭 내 마음 같단 말이야. 우리는 혼자서도 살 수 있지만 서로 포개지면서 비를 나누고 햇볕 아래에서 함께 춤추며 자라고 있어. 오늘 이 숲에서 우리 사이에 무슨 일이 생길까?

NOW, TRY TO REMEMBER!

2022 wee
picturebook award

파닥파닥 해바라기
글·그림 보람 | 길벗어린이

앞 페이지의 그림 기억나?
자세히 떠올려보고 퀴즈를 맞혀봐.

해바라기는
몇 송이가 있었지?

4개 / 5개

이 나무는 옆에 있는
나무들보다 키가

크다 / 작다

우산의 손잡이는
어떤 색깔이었을까?

초록 / 빨강

비구름은 몇 개의 빗방울을
떨어뜨렸어?

3개 / 4개

CONNECT THE PATTERNS

규칙대로 선을 이어볼까?  순서로 선을 그려 최종 목적지에 도착해보자.

START!

GOAL!

A CAKE JUST FOR YOU!

마음속으로 케이크를 선물하고 싶은 누군가를 떠올려봐.
그리고 네가 만든 특별한 케이크를 그 사람에게 선물해주자.

2022 wee picturebook award

특별 주문 케이크
글·그림 박지윤 | 보림

Snip!

LET'S SHARE IT EQUALLY

지렁이 모양 젤리가 담긴 접시 앞에 두와 아리, 그리고 친구가 둘러앉았어.
이 맛있는 간식을 셋이 똑같이 나누어 먹고 싶은데, 어떻게 나눠야 할까?

2022 wee
picturebook award

우리가 케이크를 먹는 방법
글·그림 김효은 | 문학동네

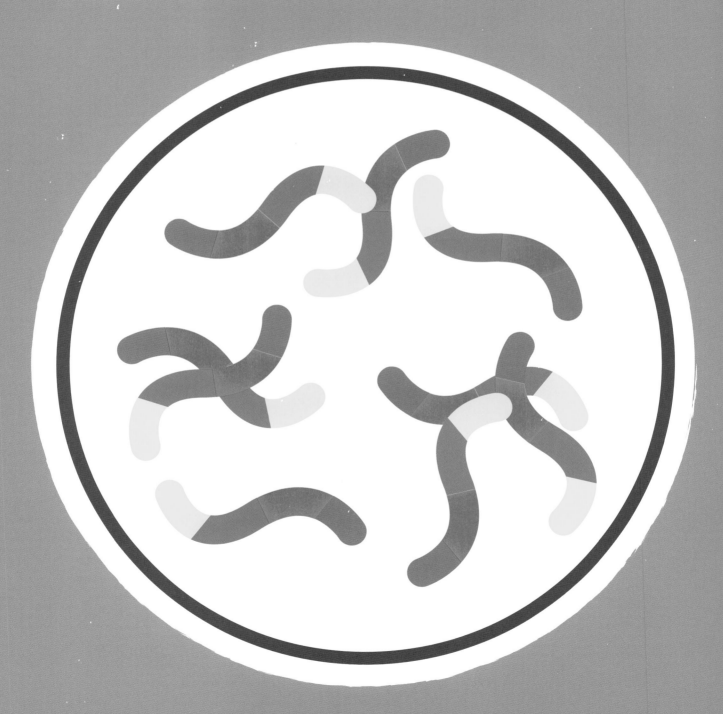

DIFFERENT SHAPES OF THE MOON

달은 매일 조금씩 움직여서 우리 눈에도 다르게 보인대.
다양한 모양의 달을 부르는 이름을 배워보고, 좋아하는 달의 모습을 그려보자.

2022 wee picturebook award

달 가루
글·그림 이명하 | 웅진주니어

상현달

오른쪽만 채워진 반달.

보름달

동그랗고 환한 달.
바라보면서
소원을 빌기도 해.

하현달

왼쪽만 채워진 반달.

초승달

왼쪽이 깊게 파인 달.
뾰족한 손톱을 닮았어.

그믐달

오른쪽이 깊게 파인 달.
초승달의 반대 모양이야.

WHEN DO YOU CRY?

2022 wee picturebook award

왜 우니?
글·그림 소복이 | 사계절

슬플 때만 우는 건 아니야. 엄청 기쁘거나 무서워도 눈물샘이 신호를 보내거든. 빈칸에 단어를 채워서 눈물이 나는 상황을 완성해볼까?

억울하다.	두렵다.
다행이다.	아쉽다.

친구와 좀더 놀고 싶은데 집에 가야 해서

_____

높은 곳에 있는 미끄럼틀을 타는 건 _____

너무 _____ 내 잘못이 아닌데 혼났어.

잃어버렸던 강아지를 찾아서 정말 _____

2022 wee
picturebook award

튤립 호텔
글·그림 김지안 | 창비

호텔은 항상 많은 사람이 찾아와. 그리고 손님들을 위해 맛있는 음식부터 깨끗한 청소까지 준비해주는 사람들이 있지.

내가 만드는 호텔은 어떤 모습일지 상상해볼까?

wee doo hotel

BREAD THAT LOOKS LIKE ME!

2022 wee picturebook award

김철수빵
글·그림 조영글 | 봄볕

eggs

butter

jam

FLOUR

flour

yeast

1 강력분을 체에 밭쳐서 볼에 담아줘.

FLOUR

2 소금과 설탕은 서로 섞이지 않게 양쪽에 넣고

3 설탕 쪽으로 미지근한 물을 부어. 이스트를 넣은 후엔 골고루 섞어야 해.

4 버터를 넣고 반죽한 후에 랩을 씌워 가만히 놔둬.

5 엄청 커진 반죽은 마구 치대서 조각내고

6 달걀 물을 발라 오븐에 넣어야 해.

7 완성된 빵에 잼으로 내 얼굴을 그리면 완성!

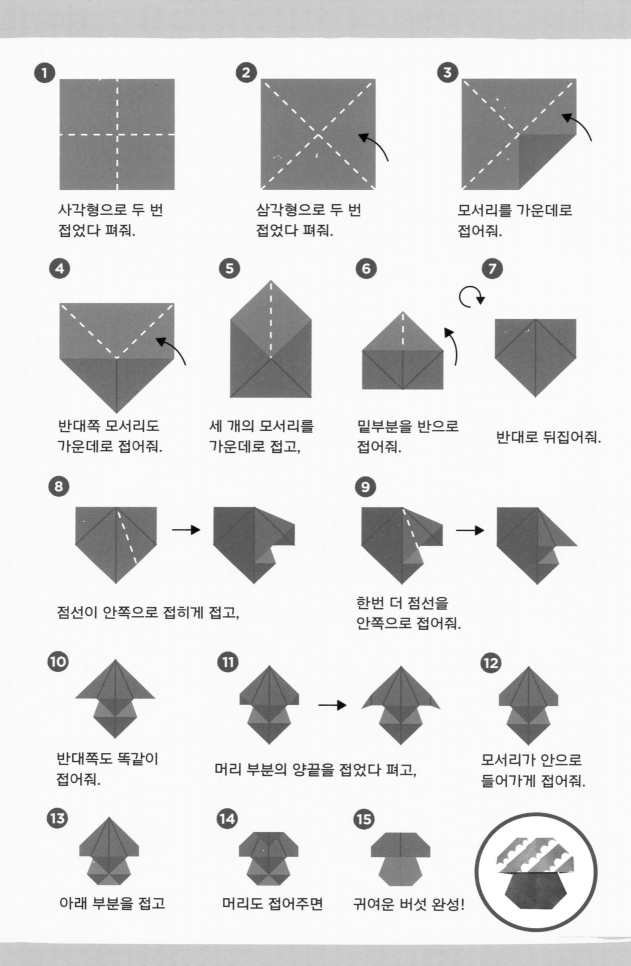

1. 사각형으로 두 번 접었다 펴줘.

2. 삼각형으로 두 번 접었다 펴줘.

3. 모서리를 가운데로 접어줘.

4. 반대쪽 모서리도 가운데로 접어줘.

5. 세 개의 모서리를 가운데로 접고,

6. 밑부분을 반으로 접어줘.

7. 반대로 뒤집어줘.

8. 점선이 안쪽으로 접히게 접고,

9. 한번 더 점선을 안쪽으로 접어줘.

10. 반대쪽도 똑같이 접어줘.

11. 머리 부분의 양끝을 접었다 펴고,

12. 모서리가 안으로 들어가게 접어줘.

13. 아래 부분을 접고

14. 머리도 접어주면

15. 귀여운 버섯 완성!

LET'S MAKE PAPER MUSHROOMS

색종이로 귀여운 버섯을 접어볼까? 어떤 색종이로 만드냐에 따라
버섯의 머리와 몸통의 모습이 달라져. 내가 만든 버섯을 친구들에게 자랑해보자!

Snip!

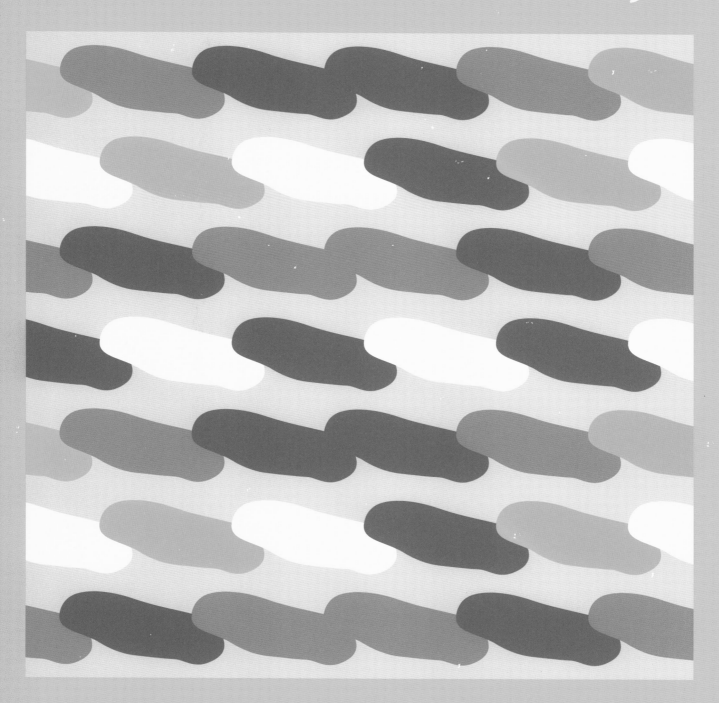

DO YOU HAVE A NICKNAME?

자기 방귀 소리를 이름으로 부르는 고구마들이 있어. 웃기지?
우리는 이미 이름이 있으니까 별명을 만들어보자. 너와 가족들의
특징을 생각해보고 별명을 짓는 거야.

가족

별명 _____

별명 _____

별명 _____

별명 _____

COLOR THE GOOD OLD FRIENDS!

2022 wee
picturebook award

친구의 전설
글·그림 이지은 | 웅진주니어

옛날 옛적에 호랑이 꼬리에 꽃이 피어났대. 호랑이와 꽃은
처음에는 티격태격하다가 둘도 없는 친구가 되었다는데….
둘은 어떻게 친해졌을까? 색칠하면서 생각해보자.

I'M GOING TO BE A FISHMAN!

잉어의 얼굴을 한 잉어맨은 양동이를 머리에 쓴 채로 멋있게 물고기를 잡아.
잉어맨으로 변신하고 싶지 않아? 변신할 능력이 충분한지 테스트를 해보고,
어떤 물고기가 되고 싶은지 그려볼래?

2022 wee picturebook award

잉어맨
글·그림 이명환 | 위즈덤하우스

변신력 테스트

Check! Check!

① 잉어맨인 형의 모습이 멋있어서 닮고 싶다.
② 달이 떠오를 때까지 잠들지 않을 수 있다.
③ 추운 겨울, 손가락이 시려워도 참을 수 있다.
④ 눈을 오랫동안 깜빡이지 않을 수 있다.
⑤ 물고기를 잡는 게 무섭지 않다.

0~2개 : 아직은 잉어맨보단 따뜻한 방에서
　　　　 늦잠 자는 걸 더 좋아하죠?

3~4개 : 좀만 더 힘을 내면 멋진 잉어맨으로
　　　　 변신할 수 있어요. 파이팅!

5개 :　　혹시… 이미 잉어맨 아닌가요?
　　　　 잉어맨 될 자격이 충분해요!

WHAT SHOULD I EAT THIS MONTH?

1월	2월	3월
4월	5월	6월
7월	8월	9월
10월	11월	12월

1년은 열두 달로 이루어져 있고, 우리나라의 땅과 바다에서는 달마다 특히 더 맛있는 것들이 나. 우리는 그걸 '제철 음식'이라고 불러. 열두 달 달력을 제철 음식으로 채워보자. 10월에는 뭘 제일 맛있게 먹었더라?

2022 wee picturebook award

농부 달력
글·그림 김선진 | 웅진주니어

꽃게

참외

수박

사과

배추

한라봉

쑥

주꾸미

복숭아

대하

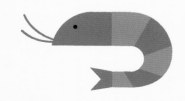

딸기

옥수수

심장이씨 소리지며 홍마성이의 구왕머

지금 친구 한 명을 떠올려봐. 그 친구에 관해 얼마나 알고 있어?
뭘 좋아하는지, 싫어하는지, 성격은 어떤지 친구를 자세히 관찰하고 소개해보자.

2022 wee picturebook award

나를 봐
글·그림 최민지 | 창비

내 친구의 이름은 _____ 이고

얼굴은 _____ 을 닮았어.

_____ 를 좋아하고 _____ 를 잘해.

우리는 주로 _____ 에서 만나.

여기는 평화로운 마시멜롱 마을이야.
매일 나무에서 나는 열매를 먹고 뒹굴뒹굴 하루를 보내지.
마시멜롱과 열매를 세어보며 수 놀이를 해볼까?

**2022 wee
picturebook award**

이파라파냐무냐무
글·그림 이지은 | 사계절

이지은 《이파라파냐무냐무》

노란 열매는 몇 개야?

마시멜롱은 몇 명이지?

나무는 몇 그루일까?

마시멜롱과 노란 열매를 합하면 모두 ＿＿＿개야.

마시멜롱이 노란 열매보다 ＿＿＿개 더 많아.

노란 열매와 나무를 합하면 모두 ＿＿＿개야.

노란 열매는 나무보다 ＿＿＿개 더 많아.

MY TEENY-TINY BOOK

빈 종이에 너만의 이야기를 그려서 그림책을 만들어봐.

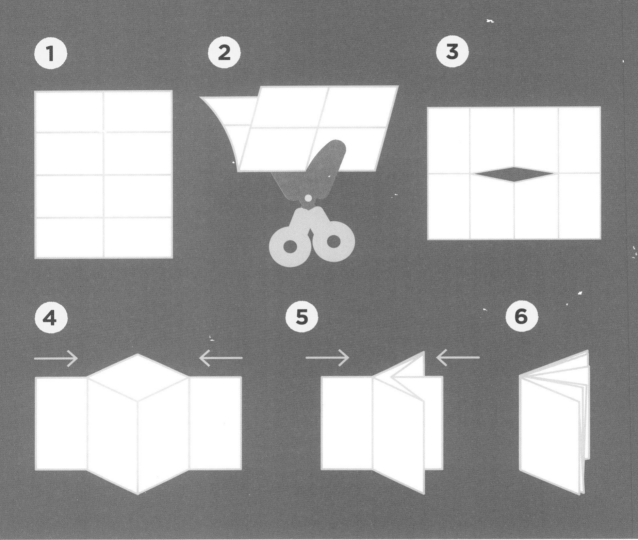

제목: 글·그림:

책 소개:

4

5

3

6

2

7

cover

1

친구들에게 《옥두두두두》라는 책을 소개하고 싶어. 옥수수알
'슈슝이'들이 '옥!'하고 싹을 틔워 자라나는 이야기인데, 마치 내가
옥수수가 된 것 같이 표현이 생생하거든. 그중 한 장면을 자세히
들여다보고 이야기 나눠볼까?

2022 wee
picturebook award

옥두두두두
글·그림 한연진 | 향

한연진 《옥두두두두》

동그란 슈숭이들의 머리 스타일이 변했다!
무슨 일이 생긴 걸까?

슈숭이들은 왜 이렇게 신나 있는 걸까?

슈숭이들의 얼굴은 무슨 색이야? 색이 왜 다를까?

혼자만 시무룩한 표정의 슈숭이가 보이네.
어떤 고민을 하는 거지?

바구니에 들어간 슈숭이들은 자기들끼리
무슨 대화를 할까?

COMPLETE A FOUR-CUT CARTOON

이야기를 순서대로 읽고 마지막 칸을 너만의 이야기로 채워봐.

여름휴가가 끝나고 집으로 돌아가던 길이었어. 난 너무 오랜 시간 차 안에 있어서
진짜 짜증이 났어. 너무 심심했거든. 그때 엄마가 말했어. "심심하면 이야기를 만들어."
이건 1편이고, 엄마랑 나눈 대화를 보면 내가 왜 이 이야기를 만들었는지 알 수 있을 거야.
재미있으면 이야기해줘. 2편은 더 재미있거든.

KIDS EDITOR

에디터 쭈이안

엄마 심심해.

심심하면 이야기를 만들어.

흠... 좋아.

자. 주인공은 누구야? 사람이야?

아니, 동물이야.

무슨 동물이야?

상어야.

남자야? 여자야?

남자야.

어린이야?

어린이와 어른 사이야.

그럼 몇 살 정도인 거지?

26살

아~ 26살은 어린이랑 어른 사이야? 하긴, 아직 어른은 아니겠다.
그러니까 어린이와 어른 사이라고 하는 거야.

좋아, 상어의 어떤 이야기야? 상어의 일상? 아니면 모험?

상어의 모험 이야기야.

그래? 그럼, 상어는 왜 모험을 떠나게 되는 거야?

진주를 찾기 위해서 모험을 떠나.

왜 진주를 찾아야 해?

어느 날, 상어가 돌에 부딪혀. 그래서 이빨이 부러졌어. 상어가 생각하지. 진주를 찾아서 이빨로 만들어 붙이면 좋겠다. 아, 상어는 그 돌이 정확히 무엇이었는지는 그때는 몰라.

혼자 떠나는 거야?

응, 혼자 떠나는데 모험을 하다가 친구를 만나.

오, 그 친구는 누구인데?

잠깐이야.

꾸미는 왜 함께 모험은 하게 되는 거야?
꾸미는 사랑하는 친구가 있는데
진주를 선물로 주고 싶어해. 둘은
진주가 있는 바다를 발견해.
그런데 물이 너무 얕아서
조개를 열어보는건 쭈꾸미만 가능해.
드디어 진주를 발견했어.
근데는 진주가 하나잖아. 둘은
싸우게돼. 그런데 싸우다
반짝이는걸 발견해. 진주였어.
둘은 화해해 하고 친구가돼.

진주
조개

그리고 쭈꾸미와 상어는 각자
집으로 돌아가. 그런데 상어집에
누가 찾아와. 문어였어. 알고보니
상어가 부딪힌 돌은 문어였어. 문어는
이빨을 부러지게 해서 미안하다고
선물을주. 바로 진주였어.

뭐야? 모험이 필요 없었네! 모험은 떠나지
않고 집에 있었어도 어차피 문어가 진주를
줬을 거같아.
아니야. 모험이 없었다면 추억도 없어.
그리고 쭈꾸미도 만나지 못했겠지.
세상에서 제일 소중한건 추억과
친구야. ᴡ♥ᴍ

하지만 둘은 모험 중에 싸웠잖아.
모험이 아니면 싸울 일도 없는 걸?

엄마,
싸운 것도 추억이야.
그것도 아주 소중해.

TOUCHABLE AND READABLE!

BY BDC ARTSTUDIO

그림책은 꼭 종이로 만들어야 할까?
우리는 천으로 그림책을 만들어보았어.

송인후

박준표

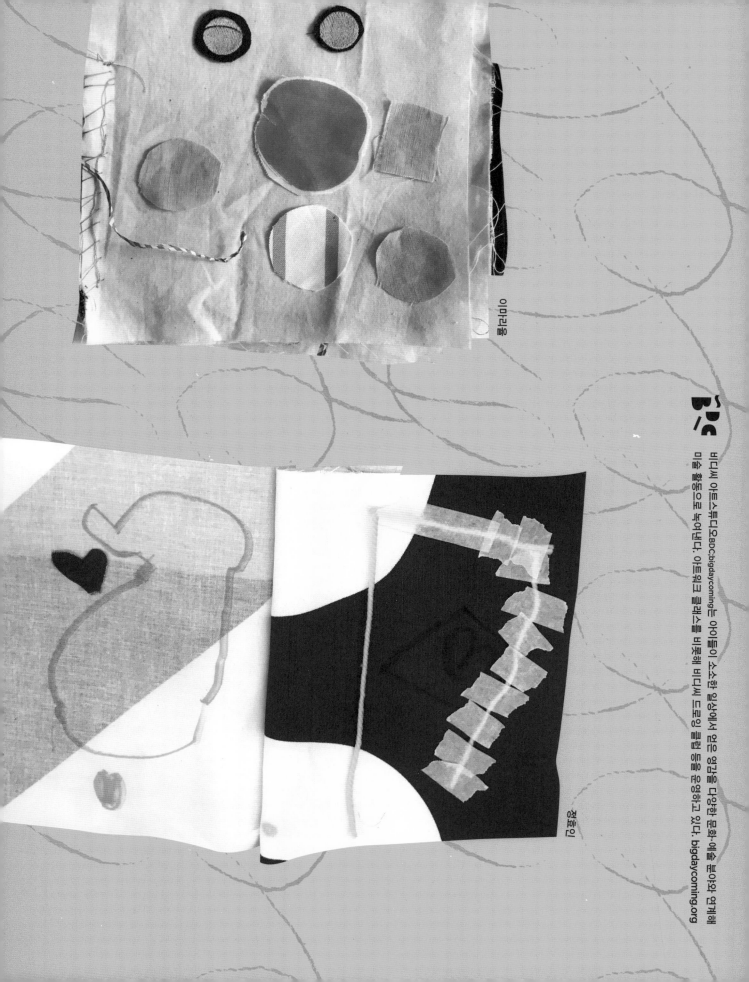

이마리룸

정요인

비디씨 아트스튜디오BDC:bigdaycoming는 아이들이 소소한 일상에서 얻은 영감을 다양한 문화·예술 분야와 연계해
마을 활동으로 녹여낸다. 아트워크 콜래스를 비롯해 비디씨 드로잉 클럽 등을 운영하고 있다. bigdaycoming.org

TOUT EN ORDRE

BY ZUT ATELIER

우리는 프랑스 그림책 《똑바로 아저씨》를 읽고 자연 속에서 행복한 벌과 무당벌레, 나비와 개미들의 마음을 알아봤어. 다양한 곤충이 사는 폭신폭신한 흙을 시멘트로 덮는다면, 우리가 나비로 변신해서 '똑바로 아저씨'에게 이를 거야. 자, 나비로 변신해서 같이 날아가 보자!

윤아인, 6세
"저는 모빌에 곤충 말고 꽃도 달아줄래요.
그래야 벌이랑 나비들이 좋아하죠."

황서아, 양하윤, 6세
"우리 나비는 비슷하면서도 달라요. 그런데 둘 다 예쁘죠?"

임세아, 6세
"저는 나비가 좋아요. 예쁘니까요. 선생님은 어떤 곤충을 좋아해요?"

정유이, 6세
"여기 초록색은 나뭇잎이고요. 갈색은 나무예요.
내 나비 속에 나무가 들어있는 거예요."

전우리, 전하나, 6세

"선생님! 우리 나비가 비를 맞아서 눈물을 흘리고 있어요!"

정채빈, 5세

"나비에 내 손을 그려서 붙여줄래요. 내가 나비를 만지고 있는 것처럼요."

ZUT

줏트zut는 생각하는 아이를 키워내기 위한 프랑스 국립학교의 융합예술 커리큘럼으로 구성된다. 수업은 패브릭 아트 색선과 파인 아트 색선으로 진행된다. zutkorea.com

HERE'S A MISSION, ESCAPE THE CAVE!

2022 wee
picturebook award

동굴 안에 뭐야?
글·그림 김상근 | 한림출판사

깊고 깊은 밤, 밤보다 더 캄캄한 동굴 모험을 떠나기로 했어.
아리랑 누가누가 먼저 빠져나오나 내기를 했는데, 같이 가지 않을래?

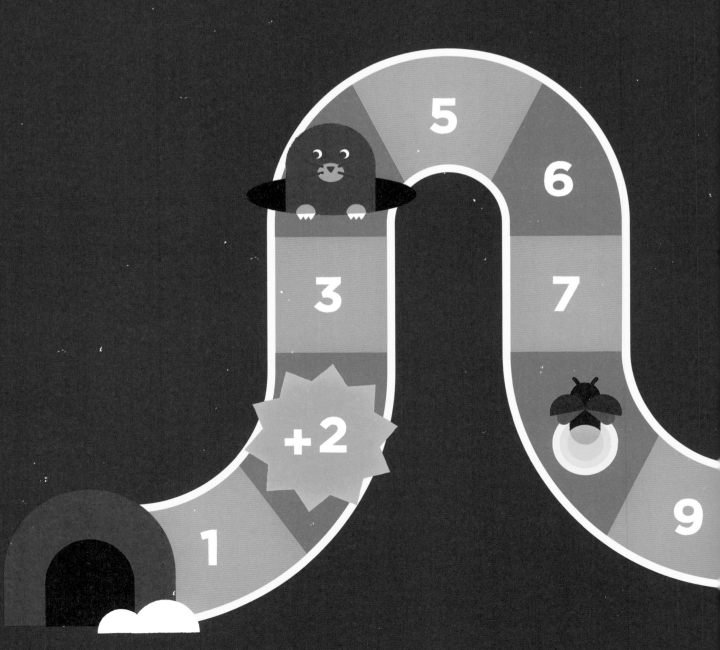

1. 두랑 아리를 오려서 말을 만들고 주사위를 준비한다.
2. 가위바위보로 누가 먼저 출발할지 정한다.
3. 순서대로 주사위를 던지고 나온 숫자만큼 칸을 옮긴다.
4. 먼저 도착한 사람에겐 박수를!

-3 세 칸 뒤로 가요.

+2 두 칸 앞으로 가요.

반딧불이를 만나면 주사위를 한 번 더 던져요.

고양이를 만나면 세 번 점프를 해요.

두더지를 만나면 두 번 앉았다 일어나요.

MY UNIQUE NAME TAG

다양한 그림책을 만나보니 어땠어?
내용도 그림도 다른 그림책처럼, 어린이도 어른도 모두 개성이 달라.
우리, 서로를 알아볼 수 있게 이름을 적고 얼굴을 그려보자.

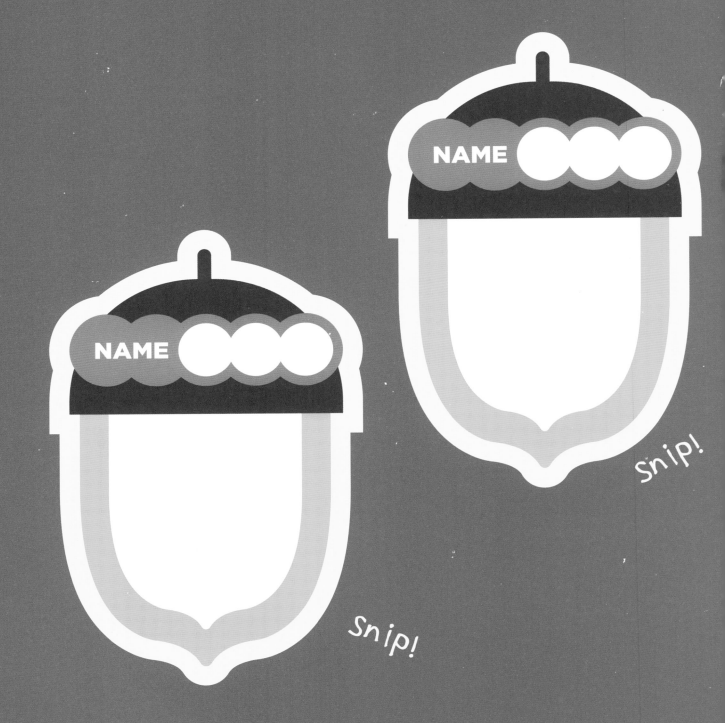